소피아로렌과 해바라기꽃

소피아로렌과 해바라기꽃

박효석 37번째 시집

오송숲

차례

시인의 말 8

1부

자은도에서 14
강아지풀들과의 교감 16
꽃밭 17
사랑의 실크로드 18
우체통을 바라보듯이 19
은하수 물결처럼 20
사랑의 비경 22
여공들의 얼굴 24
세월의 뼈 26
찐빵을 먹으며 27
창밖을 내다보며 28
물새 아파트 30
코로나19 바이러스의 계절 31
희망의 아침 32
출근길 33
아내의 우산 34

2부

인생길 38

사랑의 순교 39

사랑꽃 40

여우비가 쏟아진 날 41

수원 영동시장에서 42

아삭이 고추 44

소피아로렌과 해바라기꽃 45

사랑의 꿀단지 46

사랑의 전자레인지 48

냉수 한 모금 50

바깥 풍경 52

여름 휴양 54

비의 눈망울 55

사랑의 적정 온도 56

언제나 그리고 수시로 57

3부

머위 반찬 60

삼복三伏 하안거夏安居 61

깃털 하나 62

스투키 63

길벗 64

사랑의 시력 65

나무들의 노래 66

아들아 딸아 67

마음속의 우물 68

당신은 도대체 뉘뇨 70

석가탑을 바라보며 71

대왕암을 바라보며 72

꿀을 먹으며 73

생선 가게에서 74

폭염이 기승을 부릴 때면 75

부러운 꽃들 76

4부

비가 오거나 눈이 오는 날이면 80

금시초문 81

거리두기 82

나의 가을 83

자영업자들의 영결식 84

구천동 니나노 촌 85

겨울이 다가오면 86

동네의 변천사 87

반딧불 별빛 88

10월이 오면 90

11월이 오면 91

김장 배추김치처럼 92

여명 93

겨울이면 94

가을밤은 96

영접의 사랑으로 97

5 부

사랑 맛 100
그녀가 닫힌 커튼을 열 때마다 101
입마개 102
엄마천사와 아기천사 103
흙과 하늘 104
사랑의 업보 105
마음속 꽃병 가득히 106
저녁노을을 바라보며 107
머릿속의 밤하늘에 뜨는 별 108
낙엽이 휘날릴 때면 110
연시의 미소 111
가장 소중한 사랑 112
밤에 내리는 가랑비는 114
무소유의 아름다움 115
가을밤은 116
끝 가을 117

시인의 말

　37시집을 상재하면서 복伏중에도 편집을 하느라 애쓴 아내에게 고마움을 전합니다.

　문단의 비주류로 살아왔기에 쓸데없는데 시간을 뺏기지 않고 오로지 시 창작에만 몰두해 올 수 있었지 않았나 생각됩니다. 이 세상은 영원으로 가기 위한 한 과정이기에 이 세상에 집착하지 않도록 한순간도 시와 떨어져서 살아온 적이 없지 않았나 생각됩니다.

　이렇게 살아올 수 있도록 늘 곁에서 생명이 되어준 아내에게 무한한 고마움을 느낍니다. 어떠한 역경 속에서도 헤쳐 나갈 수 있도록 사랑으로 한결같은 운명이 되어준 아내가 있었기에 하루하루 불치의 병과 사투하는 가운데서도 시와 한 몸이 되어 지금까지 시의 숨을 쉬어가며 살아올 수 있지 않았나 생각됩니다.

　이 37시집이 세상에 나올 수 있도록 늘 나의 시를 사랑하는 마음으로 온 힘을 쏟아주신 오송숲 대표 안인숙 시인에게 무한한 감사를 드립니다. 아울러 프랑스어로 번역된 36시집이 세계 120 나라에서 숨을 쉴 수 있도록 번역에 심혈을 기울여주신 번역자 고광단 교수님과 프랑스 원어민교수 Jean-Charles Jambon님께도 이 지면을 빌려 감사드립니다.

2025년 가을날

박효석

1부

자은도에서

자은도에 가면
각박했던 마음들이
너그럽게 풀어진다

섬을 둘러싸고 있던 해무가 풀어지듯이
마음을 둘러싸고 있던 미혹들이 풀어져
개운한 마음이 된다

1004개의 천사섬 중 하나인
자은도 두봉산에서 나머지 해무에 쌓인 섬들을 바라보면
마치 몽유에 취한 듯이
바다를 유영하는 것 같은 섬들

천사의 날개를 펼친 듯한 암벽들이
줄지어 하늘로 날아오를 것만 같은 천사섬

두봉산 정상에 다가가면 다가갈수록 소나무,
소사나무, 노간주, 생강나무, 졸참나무들을 비롯한
갖은 짙푸른 나무들이 마음에 우거져
썰물 빠져나가듯이

세속을 비우고 있는 내 마음

강아지풀들과의 교감

길을 오갈 때마다
반갑다고 꼬리치며 반겨주는 강아지풀들을 볼 때면
마치 쉬엄쉬엄 쉬다 가라고 말하는 것 같아
가던 발걸음을 멈추게 된다

강아지풀들과 눈웃음치며 마음의 대화를 나누다 보면
척박한 터전임에도 불구하고
구김살 없이 잘 자라
오가는 길손을 반갑다고 꼬리쳐주는 강아지풀들이
어찌나 대견하고 정겨운지
전쟁으로 길바닥에 내동댕이쳐졌던
천애고아들이 떠올려진다

그들도 강아지풀들처럼 어디에서든 부디 잘 자랐길
염원하며
강아지풀들을 마음으로 품는다

꽃밭

꽃밭에서 꽃들이 사유를 할 때면
향기가 경지에 도달한 듯이 향기로워라

바람의 숨결을 빚어가며
사유하고 있는 꽃들을 바라보고 있노라면

꽃들이 향기로운 향기로 달관한 듯
미소 짓고 있는 꽃밭

사랑의 실크로드

그녀가 말을 할 때면
마치 오아시스에서 샘물이 솟아나오는 것 같아

사막 같은 세상을 횡단하면서
마음이 타들어갈 때면

동행하고 있는 그녀의 말들로 마음을 적시면서
사막 같은 세상을
사랑의 실크로드로 만들며 간다

우체통을 바라보듯이

우체통을 바라보듯이
그녀를 바라봅니다

저 속에 무슨 사연들이 들어있을지
궁금한 마음으로 그녀를 바라봅니다

혹시나 나에게 보낼 편지가 들어있지는 않을는지
기대 섞인 눈빛으로 그녀를 바라봅니다

세상을 떠내려가게 할 것 같은 폭우와
세상을 타 들어가게 할 것 같은 가뭄을 비롯하여
세상을 날려버릴 것 같은 태풍과
세상을 한파로 가둬버릴 것 같은 눈보라에도
표정 하나 흐트러짐 없이
언제나 그 자리에 우체통처럼 서 있는 그녀이기에
언제쯤 속에 있는 사연들을
배달해줄는지

우체통을 바라보듯
그녀의 마음을 바라봅니다

은하수 물결처럼

하늘의 숨결을 빚어가며
별들이 영롱한 보석처럼 반짝이는 밤이면

그대는 마음의 숨결을 빚어가며
내 마음 안에서 사랑을 별처럼 반짝이고 있어

별들을 바라보는 밤이면
은하수 물결처럼 흐르고 있는 그대의 사랑이여

사랑의 비경

비경을 바라보고 있을 때
한없이 나오는 황홀한 감탄사처럼
그대를 바라보는 것이야말로
마치 꿈속으로 젖어드는 것만 같아

그대를 내 마음속에 가두지 않고
평생을 사랑을 꿈꿀 수 있는 거리에서
그대를 바라볼 수 있다면
그대는 내가 바라보는 비경 중
이 세상의 최고의 비경이 아닐는지

바라본다는 것은
언제나 행복한 꿈을 꿀 수 있는 사랑이기에
점점 가까이 다가가고 싶은 설렘이
마치 미지의 신대륙의 비경을 보러가는 것 같기도 하고
밤마다 영롱하게 반짝이고 있는 별들을
가슴에 품는 것 같기도 하여
평생을 소유하지 않은 채
언제나 꿈꾸며 그대를 바라볼 수 있길

그리하여 일평생
사랑의 샘물이 솟아나오는 설렘으로
그대를 바라볼 수 있는
사랑의 비경이 되길

여공들의 얼굴

꽃들이 꽃을 피고 오므리는 시간들을 보다 보면
천구백육칠십 년대 교대로 근무하던
방직공장 여공들의 얼굴이 떠올라
해가 뜰 때 꽃이 피고
해가 질 때 오므리는 수련이나 얼레지꽃을 볼 때면
새벽 일찍 근무하러 출근하던
여공들의 얼굴들이 떠오르고

오후 3시에 꽃이 펴서
오후 10시에 오므리는 대청부채꽃을 볼 때면
오후에 근무하러 출근하던
여공들의 얼굴이 떠오르는가 하면

밤새 피고 있다가 새벽이면 오므리는
달맞이꽃이나 노랑 원추리꽃을 볼 때면
밤 근무를 하러 가던
여공들의 얼굴들이 떠오르고 있는 것으로 볼 때
어쩌면 근대화 그 당시의 꽃이
여공들이 아니었을까 하는 생각이 들면서도
왜 자꾸만 그 당시의 여공들의 얼굴이

창백한 꽃으로 아련하게 다가오고 있는 것인지

시간대별로 피는 꽃들을 바라보고 있노라면
그 당시 쉴 새 없이 직물을 짜던
방직공장 기계소리에 섞여
아련하게 들려오는 것 같은
여공들의 힘겨운 숨소리

세월의 뼈

소의 생生을 묵묵히 지탱해주고 있던
우족과 사골과 잡뼈 등의 진액을 우려내기 위하여
뼛속에 있는 진액이 다 빠져나올 때까지
펄펄 끓여가며 우려내기를 반복하면서
나의 생애를 버텨주던 나의 세월의 뼈도
내가 이 세상을 떠난 후에
소뼈처럼 가족이나 후세의 사람들이 우려먹고 싶은
뼈가 될 수 있으면 좋으련만
소뼈는 우려내면 우려낼수록 진액이 되어가는 데 반해
아무래도 나의 뼈는 골수부터 세월의 속이 텅 비어있을
것만 같아
우려낸 소뼈 진액으로
텅 빈 내 세월의 뼛속을 가득가득 채운다

찐빵을 먹으며

찐빵을 먹으며
찐빵 속의 단팥 같은 아내를 떠올린다

찐빵 속에 단팥이 들어있지 않으면
빵 맛이 없는 것처럼
단팥이 들어있지 않은 밋밋한 나의 삶을
언제나 단팥 같은 달달한 삶으로
살아갈 수 있도록
사랑을 발효시켜주고 있는 아내이기에

찐빵을 먹을 때면
빵 속에 단팥이 들어감으로써
별미가 되고 있는 찐빵처럼
나의 삶이 무미건조해질 때면
단팥 같은 사랑을 넣어주어
한결같이 서로 보듬으며 살아갈 수 있도록
앙꼬를 발효하듯이 마음 써주고 있는 아내가
떠오른다

창밖을 내다보며

창밖을 내다보며
쉴 새 없이 질주하고 있는 자동차들과
오가는 사람들을 바라보고 있노라면
그렇게 시간이 흘러가듯
세월이 흘러간다

때로는 맥없이 창밖을 내다보거나
분위기 있는 음악에 젖어
창밖을 내다보며
꽃이 피고 지기를 수없이 반복하듯이
세월을 흘려보낸다

꽃이 피고 있는 그 순간을 바라보게 될 때면
만사 제쳐놓고 뛰쳐나가
꽃처럼 시간을 향기나게 꽃피우거나
꽃이 지고 있는 그 순간을 바라보게 될 때면
이 세상을 먼저 하직한 사람들의 얼굴들이 떠올라
낙엽 진 세월들이 흩날리고 있는
창밖을 내다보며

내가 이 세상을 떠난 뒤에도
변함없이 질주하고 있을 자동차들과
오고 가고 있을 사람들을
하염없이 바라본다

물새 아파트

송사리 떼와 버들치를 비롯한 물고기들이
자유자재 노닐고 있는 맑은 물가 나무에다
집을 짓고 살고 있는 물새들을 볼 때면
물새들처럼 녹음으로 우거진 푸른 나무들의 숨결 소리를
들으면서
맑은 물이 흐르고 있는 실개천을 내려다본다면 어떨지
궁금해질 때가 많아

아파트 맨 위층에서 살고 있는 왜가리 집부터 시작하여
바로 밑층의 백로의 집을 거쳐
맨 아래층의 해오라기가 살고 있는 집까지 훑어가며
호기심의 초인종을 누르다 보면

로망으로 다가오는
물새들이 강태공처럼 살고 있는
자연친화적인 물새 아파트

코로나19 바이러스의 계절

코로나19 바이러스로 우울에 잠길 때면
가을이 오고 겨울이 온다

하루하루 확진자 수가 발표될 때마다
가슴은 허허벌판이 되어가고
새로운 변이 바이러스로 사망자가 속출할 때면
엄습해오는 무기력한 우울이
삶의 터전을 실직시킨다

생계를 이어가던 자영업자들의 일터는
점점 녹슨 자물쇠로 잠겨가고
사랑하는 가족 간에도 만날 수 없는 거리두기가
날이 갈수록 변이의 변종을 거듭하고 있는 우울로
봄여름을 격리시키고 있는데

홀로이 가슴을 쓸어내리고 있는
허허벌판인 늦가을과
절교하듯 차디차기 그지없는 겨울만
서로 번갈아가며 왕래하게끔 하고 있는
코로나19 바이러스의 계절

희망의 아침

해가 아침 일찍 출근할 때면
어찌나 해의 얼굴의 광채가 눈부신지
풀잎들은 푸른 깃을 곧추세우고는
맑은 햇살을 품은 이슬을 또르르 굴리고 있고
눈부신 햇살을 부리에 문 새들은
이 나무 저 나무로 악보를 그리듯이 종종종 날아다니며
푸른 잎들이 더욱 싱그럽도록 노래하고 있는데

희망의 설렘을 펄럭이듯이
가슴을 활짝 활짝 펴고 있는 게양대의 깃발들처럼
출근 준비를 서두르는 집집마다
조반을 준비하는 도마질 소리가
경쾌하게 화음을 맞추고 있는 아침이면

가족들끼리 서로서로 사랑의 백신을 맞혀주며
맑은 햇살 같은 웃음꽃을
함박 피우고 있는 가족들

출근길

이른 새벽부터 밤새 쌓인 세상의 쓰레기들을
깨끗이 청소하기 위하여
미화원들이 지구의 거리를 빗질할 때면

빗질이 지나간 자리마다 깨끗해진 지구의 숨결이
청량하도록 상쾌하여
짙푸른 숨을 내쉬고 있는 가로수길을 따라
밤사이의 어둠을 말끔히 빗질하며
출근하고 있는 발걸음들도 사뿐사뿐한데

아무리 고해 같은 세상을 헤치며 살아야 한다는 것이
죽을 만큼 고달프다 할지라도
열심히 살아가는 것만큼 이 세상에 위대한 일은 없어
해돋이 같은 얼굴로
서로 서로 눈인사를 주고받고 있는 아침 출근길

아내의 우산

비가 오거나 눈이 오는 날이면
시커먼 구름으로 뒤덮인
을씨년스럽도록 차디찬 하늘을 바라보지 않도록
나대신 비나 눈을 맞고 있는 우산처럼
아내도 내가 세상을 살아가면서
세상의 흙탕물을 뒤집어쓰거나
미끄러지며 세상과 부딪치는 일이 생길 때면
그때마다 직선으로 바라보이는 세상을 똑바로 응시하면서
발을 딛고 있는 땅을 조심조심 잘 살펴가면서 살아가라며
아내의 사랑을 우산처럼 씌워주고는
시커먼 구름으로 뒤덮인 하늘이 푸른 하늘이 될 때까지
사랑으로 동행의 길을 당당하도록
걷게 하고 있는 아내의 우산

2부

인생길

살아가다 보면 계획했던 일들이
자꾸만 빨간 신호등에 걸릴 때가 많다

직진하다가 유턴해야 되고
우회전하거나 좌회전해야 할 때도 많다

계획대로 가다가는 잠시 갓길에 정차해놓고
잘 가고 있는지 숨을 고르게 되기도 하고
주차해놓고는 다시 계획을 변경해야 할지 말지
숙고하게 만들 때도 많다

목적지에 도달하기 위해서는
가던 길을 멈추게 되거나
유턴하게 되거나
좌회전이나 우회전으로 방향을 틀면서 가게 되는 것이
인생길이듯이

세상을 살아가다 보면
계획했던 일들을 수정하거나 바꿔야 할 때가
다반사인 것 같다

사랑의 순교

그대여 그대를 향한 나의 사랑은
목숨도 마다하지 않는 것이
진정한 사랑이기에
언제나 순교할 각오로
그대를 사랑하고 있나니

사랑은 사랑을 위해서 죽을 때가
가장 아름다운 사랑의 절정이듯
이 세상에서 가장 향기로운 사랑의 향내로
그대를 순교하듯 사랑하리라

사랑꽃

나도 해를 따라다니면
해바라기꽃처럼 해를 꽃으로 피울 수 있을까

아름다운 꽃으로 피고 싶은 해가
절절한 갈망으로 꽃을 따라다니다 보니
꽃을 따라다니는 해가
눈부시게 찬란한 것이 너무나도 부러운 나머지
해바라기꽃으로 피어난 것 같기도 한
꽃과 해의 운명 같은 사랑처럼
그대와 나의 사랑도
평생 동안 그런 필연적인 사랑이 되었으면 하는 마음으로

눈부신 해를 바라보듯
일편단심 그대만을 바라보며
내 마음 가득히 해바라기꽃을 피우고 있는
나의 사랑꽃

여우비가 쏟아진 날

한바탕 소나기가 쏟아지고 난 후
눈부신 태양이 쨍하고 얼굴을 내밀 때면
마치 맑은 햇살로 바디워시한 듯이
더욱 짙푸러 보이는 빗물 맺힌 풀잎들과
은사銀絲로 짠 듯이
맑은 햇살이 반짝반짝 빛나고 있는
빗물 젖은 거미줄같이

그녀도 가슴에 쌓인 한을 시원하도록 통곡해 버리고 나면
눈물 맺힌 한이 희망의 맑은 햇살을 반짝이며
일곱 빛깔 무지개가 그녀의 가슴 속에서도 떠오르지 않을 는지

왠지 해맑은 얼굴로
쨍하고 그녀가 나타날 것만 같은
여우비가 쏟아진 날

수원 영동시장에서

몇십 년 만에 수원 영동시장에 들러
1960년대, 70년대를 소환하며
시장 분위기를 살펴보니
수십 년이 흘렀는데도 변한 것이라곤
낯익은 상인들이 마치 아코디언 연주하듯이
주름진 얼굴로 흘러간 세월들을 연주하고 있거나
흘러간 세월들이 갈대처럼 허허로이
흔들리고 있는 것 같은 모습뿐인데

그때와는 업종은 바뀌었지만
바로 그 자리에 있었던 생맥주 가게 안에서
호프를 마시고 있는 친구들을
별천지의 사람들처럼 바라보게 하였던 가게와
나와는 차원이 다른 부류의 사람들만이 드나들 수 있는 곳
이라고 각인되었던
뉴욕제과점이 있었던 가게 앞을 지날 때면
1960년대에서 1970년대에 이르기까지의
지독히도 추운 굶주림으로 부재였었던 청춘시절이
가슴 아리게 떠올라
그 시절을 보상하듯이 생맥주와 달달한 케이크를 먹으며

아픔을 달래고 있는 영동시장

아삭이 고추

퇴근 후, 가족들이 저녁 식사 식탁에 둘러앉아
아삭이 고추를 먹으며 대화를 나눌 때면
마치 대화들이 아삭아삭 맛깔스런 소리를 내고 있는 것만 같아
오늘 하루 있었던 일들을
식구들이 돌아가며 얘기할 때면
아삭아삭 맛깔스런 대화들이
마치 화음을 이루듯이
화기애애하게 달아올라
씹을 때마다 아삭아삭 싱싱한 소리를 내는
아삭이 고추처럼
하루의 피로를 말끔히 씻김 하듯
아삭아삭 싱싱해지는
식구들의 대화

소피아로렌과 해바라기꽃

2차 대전에서 전사한 전사자들의 모습을 바라보듯
광활한 광야를 뒤덮고 있는 해바라기 꽃들을
바라보고 있는 소피아로렌의 눈망울에
우수어린 황혼녘이 깃들면

하늘을 우러러 해를 바라보지 못하고
해바라기 꽃밭 아래 잠들어있는
수많은 전사자들의 영혼을 추모하듯
고개 숙여 땅을 내려다보며 묵념하고 있는
소피아로렌과 해바라기 꽃들

사랑의 꿀단지

당신의 가슴 속에는
사랑의 꿀단지가 있나 봐요

당신이 사근사근 속삭이듯이 말할 때면
마치 향기로운 꽃향기 흐르듯이
당신의 달콤한 사랑의 꿀이 흐르고 있는 것만 같아요

특히 당신이 소낙비 같은 슬픔을 온몸으로 두들겨 맞은 후에
슬픔을 툭툭 털어내며 방긋 웃을 때면
마치 당신이 꽃들처럼
빗물을 털어내며 사랑의 꽃잎을 활짝 편 것 같아서
눈부신 햇살이 빗물 머금은 꽃잎에 비칠 때면
더욱 생기있게 꽃잎이 다가오듯이
당신의 사랑 또한
어찌나 눈부시도록 달콤하고 향기롭게 다가오는지

마치 소낙비가 그치고 난 뒤
꽃술 위로 달콤한 꿀이 고여 들듯이
텅 빈 내 마음속 가득하도록

꿀단지 같은 당신의 사랑이 고여 들고 있지요

사랑의 전자레인지

사랑이 차갑게 식어버리거나
꽁꽁 얼어버릴 때면
사랑을 그녀의 가슴속에 넣어
따뜻할 때까지 해동시켜주고 있는 그녀를 보며
혹시 그녀의 가슴속은
사랑을 데워주는 전자레인지가 아닌가 하는
생각을 하게 되는데

간혹가다 너무 뜨겁게 데우다가
태울 뻔할 때도 있지만
사랑으로 불타 죽는다면
이 세상에서 선택받은 것 중
최고의 황홀한 순간일 것만 같아

그때마다 나의 사랑이 너무도 불타올라
까맣게 타고 있는지도 모르게
그녀가 시간을 망각하여 주길
그리하여 그녀의 가슴안에서 사랑으로 불타오르다가 죽을 수 있길

시치밀 뚝 떼고는
그녀의 사랑의 전자레인지 안에서
황홀한 꿈을 꾸고 있는
나의 사랑

냉수 한 모금

불볕더위로 몸과 마음이 타들어가는 듯한
갈증이 날 때면

냉수 한 모금은
깊은 산이 목마를 때마다 마시고 있는
옹달샘 같기도 하고

푸른 풀잎에서 맑은 이슬로 또르르 구르고 있는
새벽종소리의 상쾌함 같기도 하여라

바깥 풍경

안팎을 쉴 새 없이 드나들며 살더니
살날이 줄어들수록
안에 틀어박혀 사는 날이 많아진다

안에서 내다보는 바깥 풍경은
늘 변한 것이 없는 객관적인데 반해
안에서 칩거하고 있는 나는
날이 갈수록 점점 주관적이 되어간다

내재율과 외재율이 조화를 이뤄야
활력이 넘치는 격조 높은 삶을 살 수 있을 텐데
生과 死의 분기점이 이미 死에 기울 대로 기울어졌는지
날이 갈수록 내재율에 빠져
외재율을 방관하게 된다

건너편 재건축 현장에서
안전 불량으로 노동자가 사망했다는 이야기가 들려도
항상 그 자리에 표정 없이 서 있는 건물들을 바라보듯
늘 그러려니 하며 지나쳐버리게 되고
언제나 바쁜 듯이 오가는 사람들을 비롯하여

하루에도 몇 번씩 경적을 울리며 달려가고 있는 구급차와
잊을 만하면 비상 사이렌을 울리며 지나가고 있는 소방차
등도
건성건성 무표정으로 바라보게 되는
근원법을 상실한 내재율

여름 휴양

여름이 오면 더운 생각들이
계곡이나 바다에서 휴양을 한다

계곡에서 휴양을 하는 더운 생각들은
계곡과 생각을 함께 하면서
깊은 계곡과 한 마음이 될 때까지
마음속에서 맑고 시원한 속 깊은 계곡물로
득음하여 흐르도록
그동안 더웠던 생각들을 닦고 있고

바다에서 휴양을 하는 더운 생각들은
바다와 한 몸이 될 때까지
푸른 바다와 생각을 함께 하면서
드넓은 푸른 바다가 끝없이 마음속에 펼쳐질 수 있도록
그동안 더웠던 생각들을
모두 바다에 내려놓고 오는 여름 휴양

비의 눈망울

비가 올 때마다
빗물이 창문에 부딪쳐 흘러내릴 때면
빗물이 부딪쳐 흘러내리는 강도에 따라
비의 눈망울이 떠오른다

빗물이 쉴 새 없이 세차게 부딪쳐 흘러내릴 때면
비통에 잠겨 울부짖던 미망인의 눈망울 같은
비의 눈망울이 떠오르고
빗물이 소리도 없이 주르르 흘러내릴 때면
남이 볼 새라 아무도 보지 않는 곳에서
눈물을 훔치고 있는 여인의 눈망울 같은
비의 눈망울이 떠올라
하염없이 빗물이 흘러내리는 창문을 바라보다 보면
눈물 맺힌 속눈썹으로 사랑을 고백하던 그 임의 눈망울같이
그리움을 촉촉이 적시며 떠오르고 있는
비의 눈망울

사랑의 적정 온도

한 침대에서 한 이불을 덮고
36.5도끼리 나란히 누워
잠을 잘 때는 꿀잠을 잤었는데

요즘은 36.5도보다 한참 적은 온도에서도
열대야로 밤잠을 설치거나
36.5도보다도 열이 올라갈 때마다
열병으로 밤새 끙끙 앓게 되는 것으로 보아서는
아무래도 잠을 잘 잘 수 있는
최상의 사랑의 적정 온도는
36.5도인 것 같은데

마치 자가 격리된 듯이
열대야와 싸우는 밤이 길어지는 요즘
밤마다 36.5도끼리 사랑으로 나란히 누워
꿀잠을 자던 밀월의 그 시절이
밤새도록 은하수 반짝이듯
그리워지는 요즘의 밤

언제나 그리고 수시로

"언제나"가 "수시로"로 바뀐다면
변화무쌍하다든가
변덕쟁이라고 말할 것 같은 "수시로"와

반대로 "수시로"가 "언제나"로 바뀐다면
한결같다든가
변화에 둔감하다고 말할 것 같은 "언제나"를
적절히 혼합하여
꽃 피고 새 우짖는 봄으로부터 시작해서
함박눈이 펑펑 내리는 겨울까지의
사계절 같은 사랑을
때에 맞게 주고 있는 당신을 볼 때면
당신의 사랑이 얼마나 지혜롭게 다가오는지
나에게 당신은 평생 동안
"수시로"를 품은 "언제나"이지요

3부

머위 반찬

반찬을 만들기 위해
머위대 껍질을 벗기고 있는 아내의 손이
머위 물로 시커멓게 물들고 있는 것을 보고 나서는
그렇지 않아도 늙어 쭈글쭈글해진 손을 보기가 미안해서
늘 어쩔 줄 몰라 하던 심정이었는데
한 술 더 떠 시커먼 머위 물로 물들게 하고 있다는 것이
말도 안 되는 죄스러움으로 밀려와
고왔던 아내의 손처럼 좋아하던 반찬이
정나미가 딱 떨어지는
기피중의 기피의 반찬으로 전락해버린
머위 반찬

삼복三伏 하안거夏安居

만약 무더운 삼복을 하안거에 들어가게 한다면
삼복이 수행하면서
펄펄 끓는 열을 다 내려놓을 수 있을는지

일사병이나 열사병 같은 살인적인 열들이
범접할 수 없도록
하안거에 들어가 수행한다면
나무 그늘 아래 정좌 틀고 앉은 바람이
깊은 계곡물 흐르는 맑은 소리처럼
통달에 이를 것 같기도 하고
윤슬 반짝이는 수평선의 수면을
스치는 듯한 바람으로
달관에 이르게 할 것 같은
삼복 하안거

깃털 하나

아파트 공사가 한창 중인 재개발 단지를 둘러싼 길 위에
이따금씩 떨어져 있는
새의 깃털을 볼 때면

새들도 한창 공사 중인 재개발단지의 아파트처럼
공사가 준공될 때까지
새 깃털로 갈아 끼워
사람들이 새 아파트에 설렘으로 입주하듯이
새들도 새로 갈아 끼운 깃털을 힘차게 저어가며
새 아파트 상공 위를 훨훨 날아오르기 위해
열심히 새 깃털로 갈아 끼우고 있는 것은 아닌지 하는
생각이 들어
오고가며 심심치 않게
길 위에 떨어져 있는 새의 깃털을 볼 때면

새들이 떼 지어 훨훨
새 아파트 창공 위를 날고 있는 모습이
눈에 아른거리는
재개발 아파트 공사장

스투키

사막을 기어가고 있는 청록뱀이
숨을 쉬는 듯이
공기가 정화되어

탁했던 세상 공기를
청솔바람 부는 듯이 정화시키고 있는
스투키

* 스투키: 다육식물의 일종으로, 공기 정화 능력이 뛰어나 '공기 청정기 식물'로 불린다.

길벗

길을 오가며
갈라진 길 틈 사이를 비집고 나와
아름다운 꽃을 피우고 있는
갖가지 풀꽃들과 말벗이 되어
길을 걷노라면

환경이 어떻든
목숨을 다하여 최선의 아름다운 꽃을 피우고 있는
풀꽃들처럼
나도 그렇게 꽃피우고 싶다는 간절한 마음이
풀꽃으로 피어

길을 오갈 때면
이 세상을 가장 행복한 마음으로 동행하는
길벗이 된다

사랑의 시력

좋아하지 않는데도 좋아하는 것처럼 보이고
사랑하지 않는데도 사랑하는 것처럼 보이는
사랑의 시력은
어디에 가서 검사를 받아야 할지

좋아하는데도 좋아하지 않는 것처럼 보이고
사랑하는데도 사랑하지 않는 것처럼 보이는
사랑의 시력은
또 어디에 가서 교정을 받아야 할지

수십 년을 헤매고 다녀도
사랑의 시력은 그대로인 것 같아
이럴 바엔 그대가 나를 좋아하지 않건
사랑하지 않건 간에
평생을 상사병을 끙끙 앓는 사랑의 시력으로
오로지 그대만을 사랑하다 죽을 수 있길

시력을 다 상실할 때까지
오로지 그대에게 고정시키고 있는
나의 사랑의 시력

나무들의 노래

나무들이 부르는 노래는 어떤 노래일지
바람이 불 때면
나뭇잎들이 춤사위에 맞춰
나무들이 부르고 있는 노래를 듣느라
귀를 기울이게 된다

나뭇잎들의 춤사위가 귓속말을 나누는 듯이
흔들릴 때면
나무들이 사랑의 발라드를 허밍 코러스로 부르고 있는 것 같아
나무들의 허밍 코러스를 따라
그 임을 떠올리며 꿈결 같은 사랑에 잠겨보기도 하고

나뭇잎들의 춤사위가 자진모리장단으로
잎을 쉴 새 없이 흔들고 있을 때면
나무들이 짙푸른 흥에 겨워
행복을 만끽하는 노래를 부르고 있는 것 같아
나무를 따라 노래를 부르다 보면
행복이 푸름으로 휘모리장단이 되고 있는 나의 노래

아들아 딸아

아들아 딸아
이번 추석에는 코로나19로
왕래를 할 수 없으니
밝은 보름달이나 바라보며
서로의 마음을 나누자꾸나

델타 변이를 비롯하여 여러 변종의 코로나19 바이러스들이
줄지어 목숨을 위협한다 할지라도
조금도 위축됨 없이 환하게 떠오르고 있는
저 한가위 보름달처럼
우리도 그렇게 활짝 웃으며 살자꾸나
아들아 딸아

서로가 같은 거리에서 한가위 보름달을 바라보고 있듯이
언제나 지근거리에서 서로 바라보는 마음으로
항상 서로의 마음에 보름달이 떠오를 수 있도록
그렇게 활짝 웃으며 살자꾸나
아들아 딸아

마음속의 우물

사람들 마음속엔
우물이 있나보다

사람에 따라 깊은 우물도 있고
얕은 우물도 있고
폐기해 버린 것 같은 아주 오래된 우물이나
새로 만든 것 같은 우물이 있는 것을 보면
마음이 마르다고 해서
덮어놓고 아무 마음의 물이나
길어 마셔서는 안 될 것 같다

나뭇잎을 띄워 예수님의 갈증을 촉촉이 적셔준
사마리아 여인의 냉수 한 사발 같은
속이 깊은 우물의 물이나
새로 만든 것 같은 신선한 우물의 물을 마시며
살아가야 할 텐데

살아갈수록 마음의 갈증이 점점 심해지고 있는 걸 보면
남들이 볼 때 내 마음속의 우물을

사용한 지 아주 오래된 우물이거나
얕은 우물로 보고 있는 것은 아닌지

내 마음속의 우물을
수시로 들여다보게 된다

당신은 도대체 뉘뇨

도대체 누가 이 세상을 맛있게 끓여 먹으려고
세상을 숨 막히도록 펄펄 끓이고 있는 것이뇨

불길이 타오르면 타오를수록
맛있게 익어가는 것이 아니라
다 타버릴 것만 같은 세상을
무얼 더 맛있게 먹겠다고 주구장창 끓이고 있는 것인지

바람도 기가 막혀 숨을 멈춰버린 이 세상을
연옥이 되어가도록
주구장창 끓이고 있는
당신은 도대체 뉘뇨

석가탑을 바라보며

석가탑을 바라보면
아사달과 아사녀의 사랑이
숨을 쉬고 있는 것 같아

층층이 한숨 한숨 쌓아올린 불심이
천년만년 지순한 사랑으로
사랑의 순애보가 되고 있는
석가탑을 바라보고 있노라면

영지影池의 석불좌상이 짓고 있는 염화미소처럼
아사달과 아사녀의 사랑이
극락의 연꽃으로 피고 있는 석가탑

대왕암을 바라보며

지구가 멸하지 않는 한
세월이 억만 겁이 흐른다 해도
늘 한결같은 사랑으로
밀려오는 그리움을 주고받는 듯이
철썩철썩 사무치게 파도치다가는

마치 사랑을 귓속말로 속삭이듯이
사랑의 비파를 연주하고 있는 듯한
문무왕과 문무왕비가 묻힌 대왕암이
사랑의 오아시스처럼 보이고 있는
바다를 바라보고 있노라면

문무왕과 문무왕비의 지고지순한 사랑의 속삭임이
울기등대의 불빛처럼
수평선까지 반짝반짝 빛나고 있는 물결

꿀을 먹으며

향기 만발한 꽃들과
쉴 새 없이 밀애를 나누며
몸속 가득 채운 사랑의 향기를
달달한 사랑으로 만들고 있는 벌들의
달콤한 사랑을 음미하다 보면
내 몸속에서도 활짝활짝 피어나고 있는
향기로운 꽃들

나에게는 언제나 그녀가 여왕벌이기에
내 영혼을 다하다시피 한 향긋한 사랑을
아낌없이 바친다

생선 가게에서

생선들의 몸에서
죽은 바다의 비린내가 코를 찌르고 있는
생선 가게의 생선들을 바라보고 있으면

푸른 피부가 탄력 있게 당겨지던 바닷속에서
요람인 양 갈매기들과 정담을 나누며
자유로이 활개 치며 유영하던 생선들의 모습이
자꾸만 눈에 밟히는
생선 가게의 생선들

폭염이 기승을 부릴 때면

폭염이 기승을 부릴수록
햇살이 하얗게 백치가 되어 가면
죄의 삯은 사망이라더니
세상의 죄가 수도 없이 쌓여가서
불이 지배하는 연옥이나 지옥으로
점차 변해가고 있는 것만 같아

폭염이 기승 기승 기승을 부릴 때면
그래도 척박한 외진 곳이나
수많은 사람들이 하루에도 셀 수 없이 밟고 다니는
보도블록 틈 사이를 비집고 나와
최상의 꽃을 피우고 있는 들풀만큼은
제발 벌을 받지 않게 해달라고
소원하게 되는
삼복三伏

부러운 꽃들

코로나19 바이러스의 변이가 거듭되면 거듭될수록
문을 닫고 있는 세상에서
사람들은 홀로가 되어 가는데

예나 지금이나 아랑곳없이 옹기종기 모여 앉거나
수만 군중이 운집하듯 모여 앉아서는
변함없이 아름다운 꽃들을 피우고 있는
꽃들을 보고 있노라면

꽃들은 단 한 번도
세상에 눈 한 번 찌푸리게 하는 일 없이
어떠한 환경 속에서도 항상 최선을 다해 피운
아름다운 꽃들의 향기로운 향내를
세상천지 풍겨주고 있기에
코로나19 바이러스가 아무리 변이의 변종을 부린다 해도
꽃들에게는 감히 침투할 엄두조차 내지 못하고 있는 것은
아닌지

가족도 한 주소에 살지 않으면
사회적 거리두기 방역 지침으로 인하여

함께 밥 한 끼 못 먹는 세상을 살다 보니
꽃을 닮아가고 싶은 마음으로
산과 들을 찾아다니며
꽃향내를 가득가득 몸속에 담는다

4부

비가 오거나 눈이 오는 날이면

지금까지 세상을 살아오면서
세상의 흙탕물을 뒤집어쓰거나
미끄러지며 세상과 부딪치는 일만 생기면
더 높은 곳을 향하여 올라가려고 하기보다는
지레 주저앉아 푸른 하늘을 바라보길
포기했었던 것은 아니었는가 싶어

과감히 우산을 집어던지고는
비나 눈을 흠뻑 맞으며
시커먼 구름으로 뒤덮인 하늘이
푸른 하늘이 되기를 바라면서
세상을 걷고 있는
소낙비와 진눈깨비가 내리는 날

금시초문

겉으로 보기에는 밋밋하기 그지없어 보였는데
안으로 들어가면 들어갈수록
진면목이 드러나는 그녀의 내면처럼
그녀의 사랑은 마치 신세계에 발을 들여놓는 것 같아

금시초문 같은 그녀의 마음 안으로
한 발 한 발 발을 들여놓을수록
낯설음이 설렘의 비경祕境처럼
그동안 막연히 꿈꿔왔었던
유토피아적인 그녀의 사랑

생전에 전혀 예상치 않았던 그녀와의 사랑은
금시초문 같은
천재일우千載一遇

거리두기

추석을 앞두고 초승달이던 달이
보름달로 변해가고 있는 과정을 살펴보다 보니
어렴풋이 가물가물 보이던 얼굴들이
점차 보름달빛처럼 그리움이 밝아지며
너무나 막역했었던 그 세월들을
환한 보름달빛으로 내 마음을 비추고 있는데

그동안 사는 데 급급한 나머지
코로나로 인한 거리두기보다도 더한
그믐달이 보름달이 되는 과정을
한 번도 살펴본 일이 없을 정도의 무심함으로
거리를 두고 살아온 것만 같아
보름달처럼 환하게 윤곽이 드러나는 그리움의 얼굴들을
하나하나 호명해 가며
거리두기를 해제하고 있는 추석

나의 가을

은행나무들이 길마다 줄지어 서서는
바람이 불 때마다 노란색의 가을엽서들을
흩날리고 있는 가을이면

수많은 엽서 중
나에게 보내온 엽서는 어디에 있을지
엽서들의 내용을 살펴 가며 길을 걷고 있는
나의 가을이
발끝에서 시작하여 몸 전체로 노랗게
물들어가고 있는데

가을엽서들을 흩날리며
나에게 보내온 가을 엽서의 내용을 읽어주고 있는 바람도
노랗게 물들어가고 있는 가을

자영업자들의 영결식

가파른 언덕길을 죽을힘을 다해 오르고 나면
평지를 걸을 거라 믿었는데
슬픔을 변이시키고 있는 거리두기 4단계가
언제 끝날지 모르게 계속되어
세상을 자유로이 훨훨 날고자 했던 자영업자들의 꿈이
죽음을 박제한 검은 리본이 되어버린 텅 빈 가게 앞에서
부디 천국에선 돈 걱정 없이 사시라며
흰 국화꽃 같은 슬픔의 향기를 함께 나누며
오랫동안 매출이 끊긴
텅 빈 가게 안을 맴돌고 있는 영혼을
위로하고 있는 영결식

구천동 니나노 촌

어둠이 잦아들기 시작하면
연지 곤지 바르고 분꽃으로 피는
구천동 니나노 촌엔
분꽃 냄새에 취하러 온
사내들의 발길이 끊이질 않는데

밤새 젓가락을 두드리며
손님들의 장단을 맞추던 아가씨들이
분꽃 냄새에 취하여
하룻밤을 분꽃밭에서 자거나
분꽃 냄새 속에 숨어있는 눈물 먹은 웃음까지 가져가느라
분꽃을 꺾고 있는 사내들의 호탕한 웃음소리가
밤이 새도록 끊이질 않다가도
날이 밝기 시작하면
모두가 떠나간 듯이
적막 속에 묻혔던
구천동 니나노 촌

*2000년대 전까지 수원에 있던 구천동 니나노 촌

겨울이 다가오면

겨울이 다가오면
나무들이 아름답게 물들였던 시간들을
아낌없이 다 떨어뜨려 가며 나목이 되어가듯이
겨울을 맞이한 나의 生도
지금껏 누려온 세월들을 아낌없이 다 버려가며
공수래공수거空手來空手去가 되어가야 하기에
미련 없이 홀가분하게 이 세상을 떠날 수 있도록
이 세상에서 지은 죄를
티끌만큼도 남김없이 다 사해달라며
나목이 될 때까지
하나님께 낱낱이 회개하게 되는 것은

새봄이 오면 나목이 되었던 나무들은
푸른 생명으로 눈 떠가며 다시 소생할 수 있지만
나는 죽고 난 뒤
이 세상에선 다시 소생할 수 없기에
하나님께 거듭난 영원무궁한 생명으로
천국에서 소생할 수 있게 해달라며
이 세상에서의 生이 나목이 되어갈 때까지
죄를 고백하게 되는 입동

동네의 변천사

골목길이 구부정하거나 가파르긴 해도
사철 따라 꽃향기를 집집 담장 너머로 날려주거나
이웃이웃 마실 다니며 정을 나누던
고향 같았던 동네들이
재개발에 밀려
십만 호에 해당하는 아파트로 변하더니
온통 아파트 가격만이 유행어가 되어버린
동네의 변천사처럼
하나둘 고향 같았던 동네의 노인들이
밀려나 버리고 있는 세상

반딧불 별빛

그대는 이 세상에 태어나서
단 한 번이라도
어둠을 밝히고 있는
저 5촉짜리 등불이라도
되어본 적 있느냐

그대 마음이 어둠을 밝히고 있는
5촉짜리 등불이 되어줄 수 있다면
어둔 밤을 밝히고 있는 별빛이
지상으로 내려와
어둠으로 덮여있는
세상 사람들의 마음속을
반짝반짝 빛나게 밝혀주고 있는
5촉짜리 반딧불이 되지 않겠느냐

그대 마음이 어둠을 밝히고 있는
5촉짜리 등불이 되어줄 수 있다면
이 지상의 5촉짜리 반딧불이
별빛이 되어
세상 사람들의 어두운 마음속을

반짝반짝 밝혀주지 않겠느냐

10월이 오면

하늘이 푸른 바다가 되고
바다가 푸른 하늘이 되는
10월이 오면

끝없이 푸르게 펼쳐지고 있는
푸른 하늘, 푸른 바다 수평선 너머로
내 마음도 푸른 하늘 푸른 바다가 되어
이 세상 너머의 푸르른 무한대에 다다르도록
마음이 푸른 윤슬이 되고 있는
10월

11월이 오면

11월이 오면
이제까지 살아오며 추수한 세월들을
하나님께 모두 내어드리고
텅 빈 들판과 같은 마음으로
하나님의 부르심을
숙연히 기다려야 하리

혹시 쭉정이 같은 삶으로
살아오지는 않았는지
하나님의 심판을 숙연히 기다리며
그동안 살아오게 해주심에
감사드리는 마음으로
이 세상을 떠나갈 준비를 해야 하리

김장 배추김치처럼

김장 배추김치처럼
세월의 속을 잘 버무려
세월의 한파가 몰아칠 때마다
잘 익혀 삭힌 세월로
한파의 세월을 견디게 하시던
어머니의 웃음 같은 함박눈이
펑펑 쏟아지는 겨울이면

마치 잘 익은 김장 배추김치처럼
어머니가 평생동안 잘 익힌 세월로 담가주셨던
어머니의 한없이 푸근했었던 사랑이
별미가 되고 있다는 듯이
함박눈 같은 웃음꽃을 식탁 가득 피워가며
서로서로 추운 겨울의 속을
따뜻한 사랑으로 채워주고 있는 가족들

여명

어둠을 걸러내며
하늘에서 지상으로 흐르고 있는 여명을 보면
마치 맑기 그지없는 빛의 샘물 같아

빛의 샘물을 마시고 있는 산을 보면
푸르름이 하늘에 닿고 있고
빛의 샘물을 마시고 있는 바다를 보면
금사金絲 바닷물 길을 열고 있는데

빛의 샘물을 마시고 있는 푸른 풀잎과 푸른 잎사귀에서
맑은 이슬처럼 또르르 구르고 있는 여명이
온갖 새들의 부리에 닿아
청아한 노래가 되고 있는 새벽이면

빛의 샘물을 마시며
푸른 하늘로 날아갈 듯이
마음의 날개를 활짝활짝 펴고 있는 사람들

겨울이면

겨울이면 나무들이
나목이 되어
엄동설한에 자신을 채찍질하며
새 생명이 움터 나오는 새봄이 될 때까지
동안거에 들어가듯이

마음을 발가벗어가며
깨달음에 도달할 때까지
동안거에 들어가고 있는
스님들처럼

바람도 새봄이 오면
꽃과 새 움을 틔우기 위한 훈풍으로 득도하려는 듯이
살을 에는 차디찬 칼날 같은 바람이 되어
시베리아 벌판 같은 유배지를 떠돌아다니며
속을 꽉 채우고 있는 울음을
이를 악물 듯이 토해내고 있는 걸 보면

겨울은 마음속이 알몸이 될 때까지
새 생명으로 거듭나기 위한

수행의 계절인가 보다

가을밤은

가을밤은 귀뚜라미 울음이
은사銀絲를 뿜어내는 듯한
보름달빛으로

그리움의 실개천이
될 일

영겁의 사랑으로

가랑잎이 흩날리듯
깊어가는 가을밤이면
무덤 속에서도 함께 하기 위하여
가슴 깊은 곳에 묻어놨던
절체절명의 목숨과도 같았던 사랑으로
곁에 와
밤새도록 영겁의 사랑으로
한 몸이 되고 있는 그녀

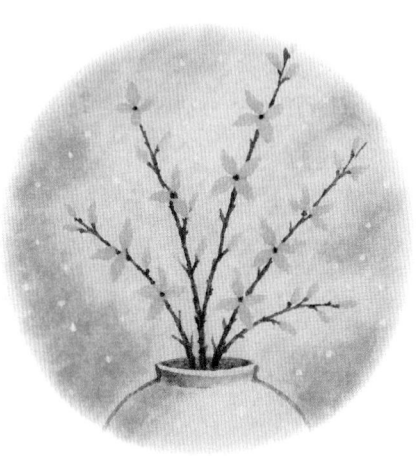

5부

사랑 맛

커피를 마시고 싶을 때마다
커피보트에 냉수를 부어
펄펄 끓이듯이

달달한 사랑이 먹고 싶을 때면
미지근한 내 마음에
당신의 사랑을 가득 채워
사랑을 펄펄 끓이고 있는 당신을
바라보고 있노라면

그런 당신을 바라볼 수 있는 것만으로도
내 생애 수천만 번 죽었다 깨어난다 해도
상상으로도 맛볼 수 없는
천하 일미의 달달한 사랑 맛이지요

그녀가 닫힌 커튼을 열 때마다

눈망울이 마음의 창이라고 한다면
속눈썹은 마음의 창에 단
커튼이 아닐는지

그녀가 닫힌 커튼을 활짝 열 때마다
수정 같은 이슬이
호수의 속살을 이루고 있는 것 같은
그녀의 마음의 창 안이
어찌나 맑고 투명하게 반짝이는지

그녀가 닫힌 커튼을 활짝 열 때면
그녀의 호수 안에서
티 하나 없는 햇살의 속눈썹을 반짝이고 있는 푸른 하늘처럼
수정 같은 이슬을 알알이 꿰어가며
그녀의 마음에 걸어줄
사랑의 목걸이를 만들고 있는 내 마음

입마개

사람을 무는 사나운 개를 데리고 산책해야 될 때면
입마개를 씌우고 산책해야 하듯이
사람들도 외출해야 할 때마다
입마개 같은 마스크를 꼭 써야 하는 걸 보면
사람을 물고 늘어지는 입이 얼마나 거칠어졌으면
사람과의 거리두기와 만남을 제한받는 속에서
마스크를 쓰지 않으면 살아갈 수 없는 세상이 되었는지

개가 사람을 물었다는 뉴스보다는
사람이 사나운 개를 물었다는 뉴스를 뛰어넘어
사람이 사람을 물어 죽였다는 뉴스가 도배될 것만 같은
쾌청한 날씨조차 자살할 것만 같은 요즘

엄마천사와 아기천사

엄마의 손을 잡고서
팔짝팔짝 뛰고 있는 아이의 손을 통해
몇십 년을 버텨내며 살아온 엄마의 세월이
큰 아름드리나무로 자리하고 있는지
아이의 천진난만한 웃음이
아름드리나무의 푸른 나뭇잎으로 반짝반짝
빛나고 있는

엄마천사와 아기천사의
행복한 미소가
세상천지 나래 치고 있는 날

흙과 하늘

힘겨울 때면 무의식적으로
"아버지!" 하고 부르다가
어떤 분이신지 기억이 전무한 아버지를 부르는 것이
어쩌면 만 세 살 때 6·25사변으로 흙으로 돌아가신
아버지를 따라 돌아갈 때가 가까워져서 그런 것이 아닌가
하는
생각이 들다가도
그럴 때마다 흠칫흠칫 떠오르는
지금 떠날 때가 아니라 곁에 더 있어 줘야 한다는
아내의 간절한 눈빛에
아버지 다음 하나님을 붙여
"아버지 하나님!" 하고 부르게 되는데

"아버지 하나님!" 하고 부르면
그때마다 흙냄새에 가까웠던 마음이 푸른 하늘이 되어
아내가 간절히 원하는
사랑의 생명이 되고 있는
나의 몸

사랑의 업보

죽고 싶도록 보고픈 데도
차마 죽지도 못하고 있는 것은
평생을 연옥에서 애간장을 끓여야만 하는
숙명의 사랑 때문일는지도 몰라

어쩌면 천생을 그리워해야만 하는
필연의 사랑의 업보 때문일는지도 몰라

마음속 꽃병 가득히

한겨울에도 햇살이 따스한 창가에 앉아 있으면
햇살이 개나리꽃으로 활짝 피어
마음속의 꽃병 가득히 햇살을 꽂아 놓고는
유치원 등하굣길의 담장 따라 피었던 개나리꽃 같은
이른 봄 손 같았던 고사리손들을 떠올리게 한다

겨울 나이가 되어갈수록
마음속에 품은 손주들을 떠올리며 미소를 짓듯이
추운 겨울이면
어머니 품에 안겼던 어린 시절이 그리워져
마음속 꽃병 가득히
어머니의 따뜻한 미소 같은 햇살을
꽂아놓는다

저녁노을을 바라보며

하늘을 곱게 물들이고 있는 저녁노을을 바라보며
마지막 가는 길을
저녁노을처럼
하늘을 곱게 물들이며 갈 수 있다면
이보다 더 이상 살아온 생애를 염殮할 것이 없을 것 같아

머지않아 서산마루 너머로 뉘엿뉘엿 넘어갈 것 같은 나의
생애를
저녁노을로 곱게 물들이고 있는 황혼녘

머릿속의 밤하늘에 뜨는 별

밤마다 잠자리에 들 때면
나의 머릿속 밤하늘에선
별들이 초롱초롱 눈을 뜹니다

창밖의 밤하늘이
별 하나 뜨지 않는 어둔 밤일수록
나의 머릿속은 밤하늘이 되어
초롱초롱 빛나는 별들로 가득합니다

밤마다 헤아릴 수 없는 수많은 별들이
나의 머릿속 밤하늘에서 보석처럼 반짝이고 있는 걸 보면
창밖의 밤하늘에 뜨던 별들이
나의 머릿속 밤하늘로 다 옮겨와
초롱초롱 꿈을 꾸고 있는 것은 아닌가 싶어

꿈의 시야가 가리지 않도록
어릴 적 산골에서 바라보았던
수정처럼 많은 보석들이 반짝반짝 빛을 발하며
실개천처럼 흐르던 은하 물결을
나의 머릿속 밤하늘에서도

흐르게 하다 보면

나도 모르는 사이 별똥별이 떨어지듯이
깊은 잠 속으로 빠져듭니다

낙엽이 휘날릴 때면

낙엽이 휘날릴 때면
흙으로 돌아가고 있는 수많은 사람들이
흔들고 있는 작별의 손이
마치 휘날리고 있는 낙엽처럼 연상케 되어
낙엽이 휘날릴 때마다
그리운 사람들의 모습들이
한 사람 한 사람 낙엽 따라 떠오른다

곱게 물들어가던 단풍잎들이
흙을 기름지게 하기 위해
바람 따라 낙엽 무덤으로 휘날려가고 있듯이
나도 이 세상을 작별하고 떠날 때는
단풍처럼 살아온 세월들을 곱게 물들이고 떠나야
후세 사람들에게 조금 더 값진 세월을
살 수 있게 할 수 있을 것 같아

낙엽이 휘날릴 때면
지금까지 살아온 나의 삶을 얼마나 곱게 물들였는지
살펴보게 된다

연시의 미소

노을이 곱게 물들어가고 있는
하늘을 바라보고 있노라면

황혼의 연세가 되어갈수록
과일 중에서 가장 좋아하시던
연시를 드실 때마다
어머니의 입가로 번지던
미소 같은 고운 빛깔의 연시가 떠올라

노을이 사라질 때까지
연시의 고운 빛깔 같은 미소로
마음을 물들이고 있는 황혼녘

가장 소중한 사랑

창밖을 내다보다가
그대가 걸어오고 있는 것을 발견하게 될 때면
문득 잊고 있었던 세상에서 가장 소중한 사랑이
내 심장 안으로 걸어 들어오고 있는 것만 같아
뜨거운 눈물로 북받쳐 오르는 사랑의 전율이
내 온몸을 감전시킵니다

곁에 있을 땐 늘 그 자리에 있는 사랑이려니
생각하고 있다가도
바라볼 수 있는 거리만큼의 떨어진 거리에서
그대를 바라보게 될 때면
무심하리만치 잊고 있었던
내 생명과 바꿔도 여한이 없다고 생각하고 있던 사랑이
불현듯이 가슴을 차고 올라
이 세상에 태어나서 처음으로
목숨과도 같은 사랑을 만나게 되었을 때의
혼절과도 같은 환희로
내 온몸을 젖어 들게 합니다

창밖을 내다보다가

그대가 걸어오고 있는 것을 발견하게 될 때면
문득 잊고 있었던 세상에서 가장 소중한 사랑이
내 생명 안으로 걸어 들어오고 있는 것만 같아
그때마다 뜨거운 감동으로 만조된 사랑이
내 온몸을 전율시킵니다

밤에 내리는 가랑비는

어둔 밤 가랑가랑 내리는 가랑비는
별들이 눈망울을 손등으로 훔치며
흘리고 있는 눈물 아닐는지요

어둔 밤일수록
더욱 영롱하게 반짝인다는 것을 속삭여주던 별들이
어둠을 뒤덮고 있는 대기오염으로
더 이상 속삭여줄 수 없다는 안타까움에
밤새 손등으로 눈망울을 훔치며 흘리고 있는
별들의 눈물이 아닐는지요

무소유의 아름다움

나무들이 곱게 물들었던 단풍잎들을 모두 떨궈버리고
나목이 되어가는 것을 바라보고 있노라면
이 세상을 벗어버린 알몸이 되어
훨훨 저세상의 하늘로 날아가시던 어머님의
자유로운 영혼이 떠올라
무소유의 아름다움을 새삼 음미하게 된다

눈으로는 볼 수 없지만
영혼으로 볼 수 있는 무소유의 아름다움이
얼마나 홀가분한 자유로움인지를

한 잎도 남기지 않고 나목이 될 때까지
단풍잎들을 바람에 훌훌
다 날려 보내고 있는 나무들같이
무소유의 나래를 저어가며
앞으로 영원히 가 머물 푸른 하늘을 향해
훨훨 날아본다

가을밤은

가을밤은 밤이 새도록
그리움을 보름달빛 같은 달빛으로
귀뚜라미 울음을 울 일

끝 가을

낙엽을 밟으며
끝나가고 있는 가을과 함께 동행하다 보면
바람 부는 대로 날아와 쌓인
낙엽들이 만든 가을 무덤에 다다른다

뼈마디가 시린지
나목이 되어가는 나무들이
바람이 불 때마다 뼈마디를 후들후들 떨고 있는
가을이 묻힐 무덤에 다다르면
마지막 남은 잎새들이
곧 부고를 알릴 듯이
가을 무덤으로 모여들 것만 같은 끝 가을처럼

그동안 세월을 동고동락하던
몇 명 남지 않은 지우들의 부고가
무서리 같은 슬픔으로
하나둘씩 겨울 우편함으로 배달될 것만 같은
끝 가을

소피아로렌과 해바라기꽃

초판 1쇄 발행_2025년 10월 15일

지은이_ 박효석

발행처_ 오송숲

표지 디자인과 편집_ 안인숙

출판등록_ 2020년 9월 17일 제573-2020-000027호

E-mail : osongtree@naver.com

ISBN 979-11-985399-8-4(03810)

값 13,000원

* 잘못 인쇄된 책은 교환해 드립니다.

이 책은 저작권법에 따라 보호를 받는 저작물이므로 무단 전재와 무단 복제를 금하며, 이 책 내용의 전부 또는 일부를 사용하려면 반드시 저작권자와 오송숲의 서면 동의를 받아야 합니다.